ΑΊΛΟΥΡΟΣ

Евгений Туренко

Ветвь

Книга стихов, ремейков и стихотворений

2012 — 2013

AILUROS PUBLISHING
NEW YORK
2013

Evgeny Turenko
The Branch

Ailuros Publishing
New York
USA

Подписано в печать 1 июля 2013 г.

Редактор Елена Сунцова.
Художник обложки Ирина Глебова.
Фотография Наталии Санниковой.
Предпечатная подготовка обложки и фотографии: Ксения Венглинская.

Прочитать и купить книги издательства «Айлурос» можно на его официальном сайте: www.elenasuntsova.com

© 2013 Evgeny Turenko. All rights reserved.

ISBN 978-1-938781-14-8

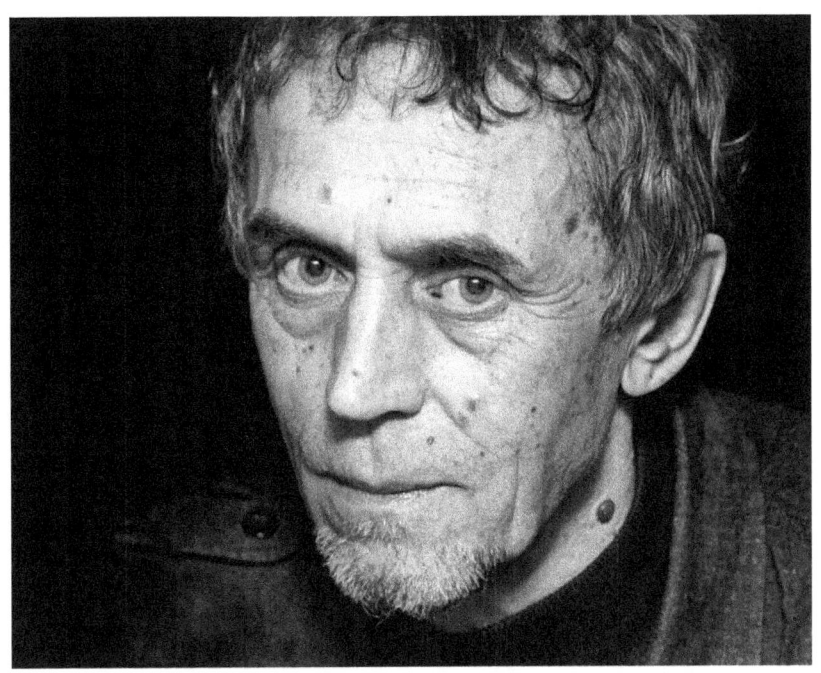

Часть I.

НОРМАЛИ

* * *

Из пластилиновой внятной лепни́
Можно играть — а хоть городом…
Жёлтого только побольше возьми,
Чтобы и с солнцем, и с золотом.

Стены квартирами наоборот,
Тень против света прилепится…
А потому, что их мягкий народ
Знает — вся эта нелепица

Кончится завтра, и станет слегка
Кашей — чего это ради бы?
Из пластилина — слепи мотылька
И отпусти его на небо.

Только бы помнили пальцы твои
Прелесть недолгого вечного —
Слёзы, следы, осязания, дни,
Буквы… А больше и нечего.

* * *

*Очаровательные разочарованья
Известны мне.*

Северянин

Поставь на паузу, и лица
В изображенья обратятся.
На пуск... И пусть всё повторится,
Но по-иному и не вкратце.

К примеру, соприкосновенья —
А хоть словами со словами,
Хоть взглядами, хоть тени с тенью,
И — или только именами...

Но пульт разряжен, как на милость,
И не сличишь печаль с печалью.
Итак, всё было и случилось
По умолчанью.

Закрытая тема

Перелётные выжиги для называвных овощей,
Наниматели смеха, истцы толстомясых приятий, —
Им сидеть и седеть, угощая себятиной вшей,
А не изображать аналогии знающих знатей.

Заплохело стране — от безденежья до островов,
В параллелях мирских и людских — и с брюзгливым преддверьем,
И с молчанием настежь разъятых карманов и ртов,
Наглотавшихся правд с землемерным подкожным безверьем.

Обернёшься нечаянно, и — не почудится! — вот
Что:
         поёжится Блок, Мандельштам разволнуется нервно,
Гумилёв усмехнётся, Набоков на всё наплюёт,
А Платонов заплачет, с похмелья, наверно… Наверно.

* * *

Дай мне твою слезу
Я её сберегу
В сне или в слепоте

* * *

В школе продлённых дней
Жутко учиться жить
Двойка кому а то и две

* * *

Черви в Череповце
Жирные как слоны
Окунь на них клюёт

* * *

Где-то левей Парижа
Около самой Тулы
Дом где окно во тьму

* * *

Сор выносить вон
Благословит кто
Камень в меня кинь

* * *

Если ты мне не веришь
То понимать не надо
Зима всё равно настанет

* * *

Екатерине Симоновой

Отягчённые покоем
Тени тишины
С изъяснительным покроем
В тютельки и в сны.

И живая, восковая,
Святочная гарь,
И безлюдная степная
Медленная даль.

Пламя взгляду, тело жесту…
Оправданий нет.
Так любил свою невесту
Афанасий Фет.

* * *

> *...и с рук моих капала мирра...*
>
> *Из Книги Песни Песней*

Воздухом говоря, как вдохом,
Имя твоё целовать по буквам,
Взгляды беречь по небесным крохам,
Губ, некасаемо, сонным утром,

Слог вычитать из твоих молчаний,
Голос, как в полуулыбке, видя,
Чем неприкаянней, тем случайней —
Песнь (как Маккартни — спросонья выйдя...),

Глаз голубиных тонкую влагу
В свет оттенять нестерпимой ленью,
Уподобляя разлуку благу —
По Соломонову наущенью...

* * *

Нет ни следа ни тени
Ни маломальской боли
Почерк и тот чужой

* * *

Лужи идут пешком
Молча как невпопад
Не отгадать PIN-code

* * *

Тысяча так нужна
Как позапрошлый смех
Выпил и не нужна

* * *

Бокал улыбается мне
Я улыбаюсь ему
И ещё два глотка кофе

* * *

Радуюсь словно ниц
Не поднимая глаз
Многое видно так

* * *

Вечная жизнь очнись
Хоть один раз
Здесь

* * *

Я пью за военные астры...

Мандельштам

Виски без содовой
И хоть полглотка свободы,
Выключить сотовый,
Не вспоминая — кто ты!

Африка, Франция...
Господи! — что есть почва,
Разве субстанция
Времени, минус — почта?..

И двести водки —
За Веру, Любовь, Надежду, —
А не за шмотки
И прочую спецодежду,

Баксы-пиастры
И шекели чистой прозы...
А за родимые астры,
За боль и слёзы.

* * *

Осень уже в пределах,
жёлтая — как живая
в иниевых пробелах,
крапинках возле края.

Что за октябрь в июне
снится, не просыпаясь,

льётся, как небылицы...

Листьями облетаем,
прячемся каждым корнем,
всё про себя мы знаем,
а ничего не помним.

* * *

Утром рассвет и взгляд
Днём болтовня без слов
Вечером только чай

* * *

Тень на воде
Се человек у моря
В ожидании цунами

* * *

Ферзь никому никто
В клеточках вдоль и врозь
И жертва качества мат

* * *

Вместо слепых слёз
Между дождём и днём
Краденое вчера

* * *

Чёрствая как буква Ч
Пористая как ночь
Жалость которая

* * *

Жалко что этот смех
Наедине с собой
Хоть бы весна уже

* * *

Между сталагмитами эхо в моря утекло,
И даже на полюсе нео… глобально тепло,

И вянет полярная глушь, как цветное стекло.
Скажи мне хотя бы, какое сегодня число?

Мы непоправимы и неисправимы, и мы
Взимаем взаимности среди невидимой тьмы,

Не зная друг друга, не зная себя и — Его…
И роем пустоты вполне неизвестно чего.

И в этой беспамятной памяти смежных глубин
Доднесь расстаёмся с собою — один на один,

Смотря вдоль экватора — как зеленеет заря,
И в этом надежда на то, что всё было не зря.

Ви́дение

Ангел Небесный в свету говорит,
я его даже не слышу, а мимо —
мелкими буквами ветхий иврит
очно зияет, едва уловимо.

Хлебушка просит или наизусть,
книжку мою постранично листая,
взглядом цитирует Горнюю Грусть,
медленно, как никуда, исчезая...

Что ж это я, неуместный сякой,
глупо гляжу, не подав, не ответив,
не шевельнув онемелой рукой,
и не поняв ни мгновения, в-третьих?..

* * *

Эхо молчания
Тише тишины
Любовь слепого

* * *

Минное поле чудес
Маки и конопля
Доброй войны тебе

* * *

Радость толпы
С воплями хрюканьем визгом
Ставят диагноз мне

* * *

Мало июлю лета
И стрекоза не плачет
И самолёт летит

* * *

В партизанских окопах секса
Скрыты смежные тропы страха
Приводящие смерть к победе

* * *

Пчёлы гречишных грёз
Разве их уличишь
Пулей указом тьфу

* * *

Будто божья коровка на выданье
Вот поэтому и не поэтому
И не жду не надеюсь не жалуюсь
Не прошу даже и не предчувствую

Время это не то что ты думаешь
Про себя а пространное качество
Переменчивое и возвратное
Как нечаянный взгляд среди разностей

А ещё не успеешь опомниться
Умереть и забыть и состариться
Как притворная правда окажется
Тем что есть а не тем чего не было

Восковые и прошлые прелести
Наизусть молчаливые милости
И простые как важность провинности
Ты мне снишься наверно из жалости

* * *

Сделай меня из парафина,
Дерева, хлеба, сна, —
Пусть это будет песок и глина,
Тьма или тишина,

Колотый сахар, пустая каша,
Камень, вода, земля,
Пусть это будет нотная лажа —
Пусть это буду я —

Гущей кофейной, щепоткой чая,
Чётной чертой в судьбе…
Зла не держа и души не чая,
Сделай меня себе.

* * *

Вот и спилили клён
Высохший до корней
Пусто а не светло

* * *

Если две бабы болеют
Должен издохнуть мужик
Это рецепт панацеи

* * *

Радугу видно с обеих сторон
Разве в сачке Набокова
Чёрном как меланхолия

* * *

Лето лежит на дне
Перистых облаков
А тишина одна

* * *

Белые сны люпина
Съёжились и увяли
Ждать их обратно зря

* * *

Скоро уже светло
Утренняя звезда
Крайняя среди всех

Стихотворные приложения к скульптурному портрету Н. А. Заболоцкого

У з н а в а н и е
(Попытка ремейка)

Не упомнишь, а то... не поверишь
Кровной малости, тонкой, как свет,
Слюдяной и слоистый, и делишь
Меж собой и собой этот *нет*.

Самодельный избыток дитячий,
Лишь подвязанный, как узелком,
Баловством неудачи с удачей.
А уже не распутать потом...

И в пространстве и времени взгляда
Ускользает единственный твой,
Непридуманный, как Илиада,
Невозможный ответ никакой.

Позвони́шь и отключишь с испугом,
Как вчерашнему сну своему,
Не смущаясь собой, как друг другом,
Заценив *Second Hand* и *Б/У*.

Воспарит ли звезда из колодца,
Подмигнёт ли впотьмах самолёт...
Что проходит, то и остаётся.
Одиссей на Итаку плывёт.

Аллюзия

Руслану Комадею

Кошка-матрёшка и пол полосатых телёнка
Утра немножко и тощая водка-палёнка

Что ещё... угол не очень старинного дома
Несколько пугал и полуживая истома

Сыплется явно извне виртуальная манна
Это начало всего и кончина романа

* * *

Тёплый как вечер свет
Выдуманный в окне
С той стороны

* * *

Истина непроизвольна
А попугай повторяет
Честное слово *дурак*

* * *

Понимание похоже на бесчувствие
И нет ощущения чуда
А лишь вопрос
                   зачем

* * *

Подлинная как смерть
Искренняя как ложь
Память без чувств

* * *

Ветер ветви и смех
В снежном Венёве слёз
Тающих в темноте

* * *

Полночь это не время
И не конец света
Сослепу как-никак

* * *

У винительной рутины
Столько долей сколько дали
А почувствуешь едва ли
Нет предлогов у причины

И зато всечастны чувства
Не отмыться от уродства
И вода линяя русла
Отольётся
                остаётся

А кругом гробы и грабли
Небо выцвело до капли
Дирижабли дирижабли
Вот какие дирижабли

* * *

                                      Ф. А.

глюки
          аллюзии
                    скользкая твердь
знаков отличий или препинаний
не обинуясь что край это *верть*
правленых згой визуальных камланий

псевдовселенная млечных скорбей
не досягает до...
               то что частица
а отвечать за полслова на *эль*
кровная дельта а всё ещё длится

видишь ли
          веришь ли
                  лю...
                            не прочти
смерть уже выросла
                выцвела
                      вышла
вон...
      и уже зажигает в почти
чётные и бесподобные числа

* * *

Жадность слёзообразна
Зато кремлёвские звёзды
Ярко сияют во тьме

* * *

Свечи лампады свет
Сверху и образа
Не одиноко здесь

* * *

Иерусалим моих слёз
Не доплыть не дойти не до…
До Господней Любви

* * *

Трамвай запутавшись в проводах
Дороги без дураков
Родина икс страна

* * *

Дети играют в правду
А небосвод занавешен
Не разглядишь тишину

* * *

Девственность лжёт себе
Правда равна нулю
А про любовь кино

* * *

Послушай, как в тряпочном времени тикает тик...
А ветви домов прорастают сквозь кляузный звук,
касаясь наветов, подобий, немолчных докук,
ломясь сквозь различия, и утыкаются встык.

Отверстые взгляды в стечениях ртов и постов
слывут в сочетаниях, тычутся скромно в столбы,
весьма верстовые... и вот уже месяцеслов
уважен с поличным порядочно в бронегробы...

Я втуне исчез, инфернально, хотя и живой, —
хотя и не очень, но стыдно уже целый миг!
Послушай, возьми меня завтра, хотя бы как тряпку, с собой
в Америку, что ли...
                Ведь там не бывает таких.

Золотой дождь

Полудырявый и полусладкий,
Не окормляющий, но грядущий
Каплей палёной, живой повадкой.
Самый оплёванный — самый лучший.

У золотого дождя нет меры,
А только будущее и правда,
Микроскопическая, как сферы
Сквозь проникающееся завтра,

Вот и полвечности приключилось,
Как невозможная неизбежность
Дождь прободной, приказная милость,
Неразделимые — боль и нежность.

* * *

Если началом зимы
Станет итог надежд
Снег не пойдёт вспять

* * *

Чудо бывает часто
Дважды одно и то же
Не поленись хоть раз

* * *

Чтобы найти очки
Надо найти очки
Осень а не печаль

Часть II.

ДОЖДЬ

Анизотропная дорога

в пейзажах киноленты
ни Хендрикса не слышно
зато одномоментно
цветёт и пахнет пижма

а далее долина
в предчувствии вдруг друга
а дольше
          не до Нила
любовь и Чаттануга

виднеется мимоза
а рядом тень верблюда
напротив паровоза
дитя играет в чудо

чернявые котята
мяучат нелюдимо
и два аэростата
пять лет летают мимо

* * *

Вот ты молчишь и
Изображаешь свет
А он уже здесь
Солнечный как июль
Жаль что это вчера

* * *

Помнишь ли этот фильм
Больше похож на тот
Случай со стрекозой
Падавшей в глубину
Тонущей высоты

Лошадиная рапсодия
(*Отрывок*)

Каждый из нас по-своему ло...

Маяковский

Лошадь щиплет травку,
Солнце сушит тряпку,

А поодаль козы —
Ме... метаморфозы

Спят, под небом стоя —
Снясь, как двое втрое...

С пересыпу блея
В сторону Бродвея.

Уж такая пажить,
Что не преумножить

Ни на йоту дажеть.
Вот такая лошадь...

....

Флора плюс скотина —
Светлая картина.

* * *

Ласточка не спугнёт
Взглядом не промелькнув
Чуть зачерпнув крылом
Видимую себя
Сказано о дожде

* * *

Река не течёт вот
А облака в ней
Медленно говорят
Сами с собой о
Высохшей тишине

Шереметьевский вальс

Елене Сунцовой

Бурчат, как натощак, подмётные хазары,
Боярин входит вслух, а лох всему судья.
Не посему видны манеры и отары —
Бессменное одно честного бытия.

Прости меня, я слеп; мой голос полунищий,
До буквы доконав, дрожит над запятой,
И самая земля смердит дерновой пищей —
Тщетой и трын-травой, а не одной шестой…

Америка темна — от сих и до Детройта,
А прочая печаль — оттуда и до дна,
Как шёпот в тишине, почудившийся в кой-та
Ле́та…
            Лети, лети, как ластонька, одна.

* * *

Беспозвоночный как отражение страх
Видишь ли возраст не подражает впрямь
Холодно и неуютно а не смешно
Вызываю тебя на себя
Только живым не брать

* * *

Неба так много что
Кроме него ничего
Это такая игра
В солнечный зайчик и
Лишь полнадежды из трёх

* * *

Точечная вариантность капель
Плавится, как сквозь себя, навылет —
В скользкую сласть, беспадежный камень,
Или поверхностно местно мылит...

Так по пятам и вприпрыжку рядом
Знать — не дождёшься, а чувству — мера.
Сон подсмотреть — не ответишь взглядом, —
Ночь подтверждая, хотеть несмело.

Что ли по запаху выбор мнится,
Или по Броуну в дурь смеяться?
Горсть от земли, а щепоть — креститься.
Страшно Всевышнего не бояться.

* * *

Господи!
             Помоги
Хоть на один вопрос
Ответить
Но тишина вокруг
Радиус равен взгляду

* * *

Вот уже и июнь
За горизонтом дня
Вспомнишь ли ты меня
Или уж честно плюнь
Тощую роль следя

* * *

Татьяне

И памятей нуда
Продлит для иногда
Наитие следа
Без бесподобных болей
И ты ответишь *Да*

Меж згою и тобой
Две веточных удачи
Различны как прозрачны
И ты ответишь *Нет*

И смешивая в смех
Смерть подражает миму
Когда неповторимо
Вне рефлекторной тени
Зияет простота

* * *

Если ты не захочешь
Слушать мои сонеты
Я их сожгу не глядя
Так и не написав
Медленно вечереет
Пахнет солёной рыбой
Северный ветер стих

* * *

В городе Воркута
Голуби не воркуют
А говорят по-русски
Чтобы всем стало ясно
Как хорошо им жить

* * *

я испытывал свой организм на жару и на холод
на войну и на мир на любовь и на смертную казнь
на младенчество старость на то что безудержно молод
и почти что готов испытать ко всему неприязнь

но представь моя девочка что в организме пропащем
в испарившемся слухе во взгляде сухом и слепом
происходит такое чего не найти в настоящем
и чему не чета даже то что случится потом

* * *

Если внятно вглядеться в солнце
Оно всходит неправдоподобно
А волосы растут так
Как в голову им взбредёт
К тому же вчерашний ветер
Едва ли напишешь в скобках
Когда уже третий сон

* * *

Смежное чувство боли
И бессловесной сути
Среди домов и зданий
Слушать как шепчет воздух
Буквы слова и ноты
Шелест шагов молчанье
Прошлые как твой голос

Завтра

Типа того, что — снег
Падает, словно вдоль
Времени — или нет? —
Нотного, что ли — соль.

Разъедини — возьми
Засветло, как потом.
Будут часы мои
Переводить живьём...

И по-другому тут
Нет ни осьмушки дня.
А уследят — поймут,
Как не себя — себя.

* * *

Пространство вывернутое наизнанку
Делает видимым время
И каждая доля смысла
Находит своё значенье
То в милости то в свободе
То в молекулярной каше
Но Павич уже умер

* * *

Дерево и трава
Как поманить-позвать
Не угадав опять
Видимый (ли) покой
Тонкая тишина
Только бы не понять

* * *

Если б ты только знала,
Как бессловесны буквы,
Так их бывает мало,
Или — не слышно будто

Их закадычных вкусов, —
Или, в подкожных лядах,
Двойственных, как укусов
В смертных текучих ядах.

Как они ранят нежно,
И как точны их жала...
Я бы ослеп, конечно,
Если бы их не стало.

* * *

Прозрачные цветы
Растут сквозь ощущенье
Бессвязности меж этим или тем
Будто волнистые их отраженья
Разъяты вожделенным отсутствием ветвей

* * *

В солнечном городе W
Нет улиц и тротуаров
Домов и иных строений
Встретить бы человека
А тут где ни глянешь
                    свет

Мираж

Слоны идут туда,
Куда глаза глядят,
И светит наугад
Попутная звезда.

Потом они войдут,
Минуя самый зной,
В тенистый и густой,
Высокорослый джут,

Дабы растаять там,
Развеявшись на нет.
И испарится свет,
Бесследно — по пятам...

* * *

В городе что ли Илиме
Где отродясь и не был
Я встретил девочку с бесконечным взглядом
Что-то случилось с памятью
Наверно сломался ключ

* * *

Тихая Таня чинит изнанку
Около света стул
И вдоль невыплаканной тишины
Птичье наречье ночи
Изображает ноту
Я забыл как меня зовут
Скорей бы настало всё

* * *

...And I think the sky darkened with a cloud...

Robert Frost

Собирает Роберт Фрост
Доски по гробы.
Не видать путёвых звёзд,
А хотелось бы!

Хоть один ориентир
Встрял бы, не кося.
Окна взглядами до дыр
Прохудилися.

До Америки твоей
Не подать рукой,
И надёжи на людей
Нету никакой.

Фросту — фростово, когда
Ждать мне — не плошать.
От родимого стыда
Некуда сбежать.

* * *

С паллиативной небрежностью
Так и прочти *неужели*
Жалость солить за пазухой
Чтобы не мнилась
И не казалась
Чем-то из ряда
Вон

* * *

Холод перелистнуть
Небылью переболеть
Медленно длится цвет
А иссякает слух
Бабочки семенят
Клён обрастает собой
Бережно так и быть

* * *

Деревья ходят по городам,
Смотря — что бывает там.
Как будто ищут ночных людей
Меж улиц и площадей.

Окрест вслепую идёт война,
Огромная, как страна,
И странно — как тихо бывает вдруг…
А птицы летят на юг.

Во всей вселенной одна печаль —
Не надо, не отвечай!
Мы вместе вспомним когда-нибудь
Непройденный нами путь.

* * *

Там где я жил прежде
Листья с весны желтели
И мои дети ждали
Осени где краснеют
Клёны
        а я не ждал

* * *

Слепому зеркалу подражать
И в извинительном падеже
Где ни следа ни дня
Голуби из-под ног
Крылья уносят прочь

Подмосковная лирика

Шизофреничка Людка
Орёт с семи часов
Со своего балкона,
А также без трусов.

Я, впрочем, не вгляделся —
Что у неё там есть...
Она орёт всё утро
Свою людскую весть.

* * *

Почему так холодно жить
Наитием чувствуя пустоту
И оставляя в песке молодые следы
Если бы только знать кто тебя ждёт
И поведёт туда где есть ответ без вопроса

* * *

Привычнее листать наоборот
Нет не иврит а просто так
Но книга не вокзал а огород
Алмазных га нечернозёмных крох
Она молчит как плоский каолин
Ты был не прав Андрей вот и листай

* * *

Медленно и сквозь сон
Сыплется пустота
Неба — с восьми сторон,
С вечера, как с листа.

Взгляды увязли вдоль
Стен, тротуаров, крыш.
Лунный невнятный ноль
Брезжит сквозь время — ишь!

И лишь в одном окне
Крест на тебе и мне.

* * *

Падающий самолёт
Ловит свою тень
А оставляет звук
Страшный как тишина
Где-то за горизонтом

* * *

Обиду уймёт страх
И эхо уснёт вслух
Горсть света земля хлеб
Молчания первый слог
А то чего так хотел
Проявится как вода
Искомая высотой

*　*　*

Каясь растерянным временем, слепотой,
Всуе потраченной буквой, тупой тщетой,

Жалостью жадной, прелестью проходной,
Ленью намеренной, и разливной виной,

Умыслом-вымыслом, и болтовнёй немой,
Руганью непомерной, и — Боже мой!!!

Прочими строчками вдрызг прописных страниц,
Падаю, окаянный, душою ниц.

* * *

Клавиши замолчали
Струнные как вначале
Жалость больней печали
Ангела ли
            врача ли
Страсть голодна ночами

* * *

Полымя телеэкрана
Полая полночь звёзд
Напоминает явно
Старый слепой погост
Вдоль светлячков бурьяна

Часть III.

СТЁКЛА

* * *

Камни следы тропа
Люди и человек
Церковь земных надежд

* * *

Трижды убить нельзя
А только тени строк
Что ли меня нет

* * *

Выверну все карманы
Кроме табачной пыли
Там ещё есть дыра

* * *

Если молчишь ты
Я не молюсь вслух
А снегопад слеп

* * *

Радость моя
Кто я тебе
Или никто

* * *

В доме везде часы
Тикают и идут
Времени нет совсем

* * *

Ты не предашь уже
И не изменишь даже
Чувство давно прошло

* * *

Тупость неизлечима
Родина одна
И Салтыков — Щедрин

* * *

В-третьих настал апрель
Грязный как светофор
На перекрёстке дня

Вразумление

по следам и следам где уже ни тебя ни меня
никого никому не узнать
молчаливое пение и неответливый взгляд
мы незримое видим не глядя и света не надо и сна
не бывает
                и нет отражения дня

повторений или осязаний
                          сады зацветают зимой
возле самого горизонта и тени ветвей
чуть касаются края но не затекая за край
и Торонто написано на застеклённом снегу
и зачёркнуто далее вслух no ticket forever

шестикрылая ночь серафима и воск удлинён
вдоль иерусалимской свечи две слезы иссякают сочась

Птицы

Древесные дожди идут помимо взгляда,
А мелкая щепа цепляет тень ресниц.
На каждой стороне затишье и прохлада,
Лишь птицы, как ничто, взлетают — будто ниц...

И в первом же ряду чернеющих пернатых
Есть место без листа, как будто вырван клок
Решительным перстом, цензурным и предвзятым,
И утро втихаря съезжает на восток.

Идёт древесный дождь, невидимый, как эхо —
По небу, по стезе, по кровле и трубе,
И листьями шуршит в действительности смеха,
А птицы всё летят, ненужные себе.

* * *

Если началом зимы
Станет итог надежд
Снег не пойдёт вспять

* * *

Золото твоих снов
Сто́ит той самой темы
В которой завис цеппелин

* * *

Колокольня Святителя Николая
Солнце ещё не взошло
Сияет крест

* * *

Имя зовёт тебя
Или зовёт меня
Утро уже в Перми

* * *

Родина безраздельна
Даже с вчерашней сплетней
Зато правда

* * *

Чуточку пожалей
Ну а потом уже
Бей убивай забудь

Корпускулярная тема

Я помню тебя лишь глазами,
И снег одиноко идёт,
А эхо на фоне Казани
Читается наоборот.

И всё это движется, длится,
И свет иссякает туда,
Где микроскопичные лица
Текут, как слепая вода.

Пейзажи смешны и печальны
В межмолекулярном раю,
И атомы так виртуальны,
Что я тебя не узнаю.

Попытка прощания

И когда ты уже отречёшься от видимых снов,
И отпишешь литоту, и честно поверишь в ничто,
Интернет твоей жалости скинет и кровь и Покров —
Богородичных терций и ангельских памятей — то

Что сбывается трижды а не исполняется ни
В одичалом формате, ни в жесте, ни даже во лжи.
Извращается время, дороги отсюда одни —
Означая бесчувствие. Не обернись, не скажи...

И вчерашние книги мои — или почерк не мой,
Или-или... наверное и, например, невзначай
Означают ладони с мольбою моею немой.
Помаши, а хоть издали, и ни за что не прощай.

* * *

Ни птицы
Ни самолёта
Небо без взгляда

* * *

Кончился кофе
Последняя сигарета
Дальше-то что

* * *

Рубль небы обгоняет
Пятится крадётся
Видишь что ли да

* * *

Выйдешь на тот вон пригорок
Клевер и медуница
Шмель безответно жужжит

* * *

Это цикады
Крадучись не обинуясь
Время ровняют вдоль

* * *

Сказанное твоё
Детство настало
Спи

Условность

Единственный свидетель человеческого бессмертия
Убит вчера выстрелом в молоко.
....
Ты слушаешь, как одиноко разговаривает твой голос —
С кем-то неразличимым, но —
Неочевидно существующим, потому что он, твой голос,
Не только спрашивает или рассуждает:
Отвечает — и…
Ведь с кем-то ты станешь молчать, когда кончится время?
А начинается уже декабрь,
И первая четверть пространства укрыта межмолекулярным сном.
Разве так объясняют себя?
Так объясняют тебя.

* * *

Бананов не надо,
Небось да и так поживу,
Вне внешнего ляда,
Зато, например, наяву —

Листая границы,
Святую, вчисту́ю, печать —
Попутные лица,
Сверяя, в живых замечать,

По дороговизне
С поличным заснеженных дней,
В тропическом смысле
Безродной Отчизны моей.

* * *

Холодно как во сне
Или наоборот
Снится что я не сплю

* * *

Если в стране опять президент
То зеркала занавешивать поздно и
Каждую полночь Шопен

* * *

Светает
Таяние ночи
Непроизвольно ждать

* * *

Пресвятая Богородица
Услышь мольбу
Когда замолчат слова

* * *

Мимо тебя и меня
Медленно шёл снег
Сам не зная куда

* * *

Ангел Христов отверзи
Предвечный Акафист
Сиюминутному мне

* * *

Каменный самолёт
Мирно летит во тьме,
Где его ждут радар
И двадцать пять ракет...

Утро уже цветёт —
Прямо в моём окне,
Устное, как базар.
А остальным: — Привет!

Почтовое сообщение

Вот! — салют тебе, Вита Корнева,
Не от маршала, типа, Конева, —
От поручика, в доску падшего,
А не Ромина, в смысле вашего,
То есть, фюрера, вусмерть сдохшего.
Не Париж ему! Это кто ж его?...
Здравствуй, Витонька, моя Виточка,
То есть, Неточка — в точку выточка...
Не гноби себя, не гундось,
Ласты веером, пальцы врозь.

* * *

Осенью будет вечер
Звук наизнанку для
Завтра пойди найди

* * *

Видимость так обманчива
Что невозможно не верить
Идёт дождь

* * *

Сна не придумать
Тень на стене
Изображает улитку

* * *

Трутни ворьё и власть
Не с кем палёной водки
Выпить бомжу

* * *

Из глубины страны
До глубины души
Ложь и враньё

* * *

Если б я не говорил
Что всё здесь дурь и дрянь
Было бы хорошо

Весеннее светопреставление

в полупустом пространстве такого времени
исподволь подкрадается внятный транс
кажущийся непохожим ни даже по имени
и назначенью на сон как ночной сеанс

я тебя вспомню лишь одним-одним осязанием
и по картавинке в левом углу рта
нечего к взгляду добавить ни к подсознаниям
кроме раздельно прямого предлога «да»

………………………………………..

так уже здесь и принято всё и мелочно
церковь порушенно дремлет в ночном раю
липы
         берёзы
                 клёны
                         спилили
                               не на что

не на кого опереться
                   стоймя стою

* * *

Всхлипывает дверь
Вздрагивает страх
Вдруг

* * *

Нежность такая форма
Чувственного занудства
Как например апчхи

* * *

Каменным косяком
Осень летит туда
Где неба нет

* * *

Радость неопытна
Как верлибр
Как и последний снег

* * *

Бабочка летних дней
Мельница понарошку
Кружит юла Луну

* * *

Ружья стреляют точно
Пули летят мимо
Только одна Цеце

Из цикла «Псевдоповесть»

A n s i c h t e n[1]
(Издержки жанра)

В исковерканном времени столько-то дня, чтобы ждать
Суеверного страха вослед суесловному слуху,
И гнилую нужду вперемешку со смехом жевать,
Отгоняя от взгляда слезу, как осеннюю муху.

Обновленческим вычеством блажь замесив на дрожжах,
Присно — телефутбольного, с самого правого, края,
Обусловленный слоган стяжать, как пример в падежах,
От родимой разрухи намоленный воздух глотая...

И продажная лень — за живое ворьё наяву —
Отмывает рванину бумажных, подложных ответов.
Без себя самого, как без памяти, жалко живу,
Не скопив по молитве ни крохи от Ангельских светов.

Ни ответа, ни чувств... а оставленный намертво слыть —
Между прочим — никем, или кем — возомнившим, на редкость?
И отпетую Родину так безответно любить —
Как себя,
        а не как Чаадаев — презрительно, дескать...

---

[1] Ansichten — «бытие само по себе» (нем., филос.).

Предопределение

Итак, я затонул
В заливе Кислых Щей,
Меж рифов и акул,
Варягов и лещей...

Немыслимо паря
С печалью — на один...
Сквозь мирные поля
Глубоководных мин.

И в смысле слова «love» —
Салака и треска —
За сорок сороков,
Сорочьих, как доска...

No связи — уяснять,
Что я таки не в слог —
Ни внять, ни догонять,
Как виртуальный лох,

Ни духом, полусном —
С позором нищеты,
А с смежным косяком
Линкоров и кеты...

Лишь там, как наобум,
В надводном, то есть, где —
Мой прекословный зум...
Аукнется тебе:

Совой или травой,
То лошадью в пальто,
То мухой золотой,
Сияющей, а то

Вокальной нотой «лю»,
Большой, как кашалот,

И на ладонь твою
Дождинкой упадёт.

* * *

Власти торгуют чувством
В сумме ни человека
Все ненавидят всех

* * *

Фантики жирных денег
Свёрнутые в рулоны
Взгляда не различишь

* * *

Колокол звонит к всенощной
Будто и не было
Всех этих подлых лет

* * *

Радостное *ау*
Смех подступает под
Самое *не хочу*

* * *

Спазм одиночества
Глотаешь и не проглатываешь
Лунное отражение

* * *

Клавиши мостовой
До западает за
Правым углом ля

Опера

> ....*Из-за пояса рвёт пистолет*....
>
> *Гумилёв*

и тогда каперанг (т.е. Вулф) вынимает наган из кармана
и стреляет под сердце себе и контрольно потом...
понимаешь любимая
                вся эта ваша нирвана
по сравнению с чувством к тебе
                        абсолютно дурдом

и потом...
        а потом его тень продырявленно несколько в профиль
то в анфас не считая турецких и сабельных ран
уступает действительности как никто а не профи
всё что есть
        и что нет
                и что скажется *да*... на экран

девальвируют фантики
        и
            осыпаются розы
ты не бойся
        он здесь
                но не Вулф уж (не недруг) не вор
а придумыватель то аллюзий то мнительной прозы
и он страждет тебя до сих пор
                    вот такой монитор

Эпилог

К Пресвятой Богородице плачась и к Духу святому
Ажно Богу Отцу и Христу,
                            на коленях и ниц,
Потерявшемуся, полунищему, полуслепому —
Окунаясь в пустоты своих полуночных страниц...

Это Вулф, идиот — имитатор тесовой рутины,
А хоть и каперанг, да и, в целом, нехилый моряк...
Что он видел в отсеках картонной своей субмарины,
И в глубинах мирских?
                      А — любовь, хоть и ту натощак.

И теперь... и теперь, приникая к предельному слову,
Вспоминает тебя, то есть — не забывает тебя,
Говоря про неправды свои, а никак по-иному,
И что плаванье было — улёт! И что он — это я.

СОДЕРЖАНИЕ

Часть I. НОРМАЛИ

«Из пластилиновой внятной лепни́…» ... 9
«Поставь на паузу, и лица…» ... 10
Закрытая тема ... 11
«Дай мне твою слезу…» ... 12
«В школе продлённых дней…» ... 12
«Черви в Череповце…» ... 12
«Где-то левей Парижа…» ... 13
«Сор выносить вон…» ... 13
«Если ты мне не веришь…» ... 13
«Отягчённые покоем…» ... 14
«Воздухом говоря, как вдохом…» ... 15
«Нет ни следа ни тени…» ... 16
«Лужи идут пешком…» ... 16
«Тысяча так нужна…» ... 16
«Бокал улыбается мне…» ... 17
«Радуюсь словно ниц…» ... 17
«Вечная жизнь очнись…» ... 17
«Виски без содовой…» ... 18
«Осень уже в пределах…» ... 19
«Утром рассвет и взгляд…» ... 20
«Тень на воде…» ... 20
«Ферзь никому никто…» ... 20
«Вместо слепых слёз…» ... 21
«Чёрствая как буква Ч…» ... 21
«Жалко что этот смех…» ... 21
«Между сталагмитами эхо в моря утекло…» ... 22
Ви́дение ... 23
«Эхо молчания…» ... 24
«Минное поле чудес…» ... 24
«Радость толпы…» ... 24
«Мало июлю лета…» ... 25
«В партизанских окопах секса…» ... 25
«Пчёлы гречишных грёз…» ... 25
«Будто божья коровка на выданье…» ... 26
«Сделай меня из парафина…» ... 27
«Вот и спилили клён…» ... 28

«Если две бабы болеют…» 28
«Радугу видно с обеих сторон…» 28
«Лето лежит на дне…» 29
«Белые сны люпина…» 29
«Скоро уже светло…» 29
Стихотворные приложения к скульптурному портрету… 30
Аллюзия 31
«Тёплый как вечер свет…» 32
«Истина непроизвольна…» 32
«Понимание похоже на бесчувствие…» 32
«Подлинная как смерть…» 33
«Ветер ветви и смех…» 33
«Полночь это не время…» 33
«У винительной рутины…» 34
«глюки…» 35
«Жадность слёзообразна…» 36
«Свечи лампады свет…» 36
«Иерусалим моих слёз…» 36
«Трамвай запутавшись в проводах…» 37
«Дети играют в правду…» 37
«Девственность лжёт себе…» 37
«Послушай, как в тряпочном времени тикает тик…» 38
Золотой дождь 39
«Если началом зимы…» 40
«Чудо бывает часто…» 40
«Чтобы найти очки…» 40

Часть II. ДОЖДЬ

Анизотропная дорога 43
«Вот ты молчишь и…» 44
«Помнишь ли этот фильм…» 44
Лошадиная рапсодия 45
«Ласточка не спугнёт…» 46
«Река не течёт вот…» 46
Шереметьевский вальс 47
«Беспозвоночный как отражение страх…» 48
«Неба так много что…» 48
«Точечная вариантность капель…» 49
«Господи!..» 50

«Вот уже и июнь...» 50
«И памятей нуда...» 51
«Если ты не захочешь...» 52
«В городе Воркута...» 52
«я испытывал свой организм на жару и на холод...» 53
«Если внятно вглядеться в солнце...» 54
«Смежное чувство боли...» 54
Завтра 55
«Пространство вывернутое наизнанку...» 56
«Дерево и трава...» 56
«Если б ты только знала...» 57
«Прозрачные цветы...» 58
«В солнечном городе W...» 58
Мираж 59
«В городе что ли Илиме...» 60
«Тихая Таня чинит изнанку...» 60
«Собирает Роберт Фрост...» 61
«С паллиативной небрежностью...» 62
«Холод перелистнуть...» 62
«Деревья ходят по городам...» 63
«Там где я жил прежде...» 64
«Слепому зеркалу подражать...» 64
Подмосковная лирика 65
«Почему так холодно жить...» 66
«Привычнее листать наоборот...» 66
«Медленно и сквозь сон...» 67
«Падающий самолёт...» 68
«Обиду уймёт страх...» 68
«Каясь растерянным временем, слепотой...» 69
«Клавиши замолчали...» 70
«Полымя телеэкрана...» 70

Часть III. СТЁКЛА

«Камни следы тропа...» 73
«Трижды убить нельзя...» 73
«Выверну все карманы...» 73
«Если молчишь ты...» 74
«Радость моя...» 74
«В доме везде часы...» 74

«Ты не предашь уже…»	75
«Тупость неизлечима…»	75
«В-третьих настал апрель…»	75
Вразумление	76
Птицы	77
«Если началом зимы…»	78
«Золото твоих снов…»	78
«Колокольня Святителя Николая…»	78
«Имя зовёт тебя…»	79
«Родина безраздельна…»	79
«Чуточку пожалей…»	79
Корпускулярная тема	80
Попытка прощания	81
«Ни птицы…»	82
«Кончился кофе…»	82
«Рубль небы обгоняет…»	82
«Выйдешь на тот вон пригорок…»	83
«Это цикады…»	83
«Сказанное твоё…»	83
Условность	84
«Бананов не надо…»	85
«Холодно как во сне…»	86
«Если в стране опять президент…»	86
«Светает…»	86
«Пресвятая Богородица…»	87
«Мимо тебя и меня…»	87
«Ангел Христов отверзи…»	87
«Каменный самолёт…»	88
Почтовое сообщение	89
«Осенью будет вечер…»	90
«Видимость так обманчива…»	90
«Сна не придумать…»	90
«Трутни ворьё и власть…»	91
«Из глубины страны…»	91
«Если б я не говорил…»	91
Весеннее светопреставление	92
«Всхлипывает дверь…»	93
«Нежность такая форма…»	93
«Каменным косяком…»	93
«Радость неопытна…»	94

«Бабочка летних дней…» ... 94
«Ружья стреляют точно…» ... 94
Из цикла «Псевдоповесть» ... 95
Предопределение ... 96
«Власти торгуют чувством…» ... 98
«Фантики жирных денег…» ... 98
«Колокол звонит к всенощной…» ... 98
«Радостное *ау*…» ... 99
«Спазм одиночества…» ... 99
«Клавиши мостовой…» ... 99
Опера ... 100
Эпилог ... 101

www.ingramcontent.com/pod-product-compliance
Lightning Source LLC
Chambersburg PA
CBHW071305040426
42444CB00009B/1873